AF617557

ABDENNOUR BIDAR

Democracia en peligro

10 interrogantes sobre la crisis sanitaria y sus consecuencias

Esenciales

Democracia en peligro

10 interrogantes sobre la crisis sanitaria y sus consecuencias

Abdennour Bidar

Editorial Popular, S.A., Madrid, 2025

Camino de Hormigueras, 122 Bis. Planta 3, nave Q1. 28031. Madrid

Tel.: 91 409 35 73

E–Mail: popular@editorialpopular.com

www.editorialpopular.com

Diseño de portada: Francisco Pino

Traducción: Óscar Ricardo Hernández

I.S.B.N.: 978-84-7884-980-2

Depósito Legal: M-2910-2025

Imprime: Cooperación Editorial, S.L.

"La lechuza de Minerva no levantará su vuelo hasta ver llegar el crepúsculo."

Georg Wilhelm Friedrich Hegel

"Hoy ya no tendría sentido dirigir a las masas al estilo de Hitler: si se quisiera despersonalizar al hombre ya no sería necesario diluirlo en el torbellino de las masas (...) Reprimir y reducir al hombre a hombre nunca ha sido más sencillo; pues estas acciones están siendo disfrazadas de garantías de libertad y derechos humanos."

Günther Anders,

La obsolescencia del hombre, 1956

Gracias a Inés y Assiya
por su atenta revisión

Índice

PRÓLOGO

Sin lugar a dudas sería un tanto prematuro aventurarnos a elaborar un balance de la pandemia del COVID-19 en términos de impacto, o identificar las secuelas que ha dejado en la vida de nuestras democracias, teniendo en cuenta su vigencia y el muy probable riesgo de un retorno epidémico. Sin embargo, en el transcurso de las semanas o meses durante los cuales lograremos ir superando la crisis, esta interrogante revestirá cada vez más importancia, y pudiésemos desde ya plantearla de la siguiente manera: ¿el proceder político orientado en afrontar la crisis sanitaria ha reforzado o, por el contrario, debilitado nuestras democracias?

Me gustaría por tanto adelantarme un poco y mostrar cómo esta cuestión se fragmenta en diez problemáticas mayores que enunciaré en su momento a modo de interrogante. Comencemos con el espíritu crítico. La función del filósofo no es en efecto juzgar, como lo haría un juez que instruye un proceso, sino apoyar el juicio ciudadano, siendo capaz de formular los problemas sobre uno u otro tema, de la manera más clara y comprensible para todos. De este modo, cada quien podrá volver a forjar su propia opinión mejorada, logrando con ella nutrir sus propias intuiciones, o hasta dudar de sus antiguas percepciones. De esta manera, además, si en los próximos meses o años tuviésemos que enfrentarnos nuevamente a un riesgo epidémico de mayor magnitud, quizá podamos reaccionar política y colectivamente de manera más efectiva y consciente, lo que impediría que repitiéramos los errores o reveses que hayamos podido cometer. Por tanto, a continuación enunciaré diez problemas que a mi entender deberían convertirse cuanto antes en objeto de nuestra reflexión personal y colectiva.

I

El primer tema es *la magnitud de la impugnación de nuestras libertades públicas*, que todos pudimos presenciar. Magnitud relativa tanto a la cantidad de libertades que fueron vulneradas como a la importancia inherente a cada una de estas libertades. En nuestro sistema de derecho, estas libertades son tanto elementales como fundamentales, pues son las libertades básicas constitutivas de nuestra dignidad humana. Al atacarlas, hemos corrido el riesgo de atentar contra los pilares mismos de nuestra democracia. En particular, citaré dos de estas libertades elementales y fundamentales.

En primer lugar, está el derecho a la libre circulación que proclama el artículo 13 de la Declaración Universal de los Derechos Humanos desde 1948: la libertad de circular libremente en un país, de salir o volver a él, y que solo puede ser suspendida de manera excepcional y temporal por motivos de seguridad pública. En este caso en particular, nuestra libertad se vio limitada de manera drástica y sin precedentes en tiempos de paz por los confinamientos, los toques de queda, las medidas de distanciamiento social, la obligación de presentar un pase sanitario y más tarde un certificado de vacunación como requisito para acceder a la gran mayoría de los lugares públicos.

¿Cuántas veces presenciamos las mismas extrañas situaciones, a menudo grotescas y rayando en lo absurdo, donde las fuerzas del orden detenían y multaban a una persona que salía a correr, a una familia que caminaba por la playa o a cualquiera que se hubiera atrevido a salir de su casa o a superar los límites de un perímetro durante el confinamiento o después de un toque de queda? ¿Esta extrema severidad fue debidamente dosificada? ¿De qué sirve una ley que priva a los individuos de la libertad elemental de ir y venir, pero que en cambio no sanciona ni multa, tratando como un ciudadano responsable, cuando muestre respeto por la salud de los demás guardando las distancias siempre y cuando lo considere necesario? Esta duda crucial aflorará de manera recurrente en el transcurso de nuestro análisis.

En segundo lugar está la libertad, sin separar el derecho del deber, de acompañar a nuestros seres queridos en los momentos más cruciales de su existencia, desde un punto de vista antropológico: el nacimiento, el sufrimiento, la vejez y la muerte.

Sin embargo, esta responsabilidad ética, que por doquier se ha respetado a lo largo de la historia de la humanidad, se vio suprimida debido a las restricciones terriblemente severas que prohibían, tanto el derecho a acompañar durante el parto como el derecho a visitar a los ancianos en las Residencias o a quienes morían en los servicios de reanimación del COVID-19, además del derecho a asistir a los funerales de familiares y amigos. Esto fue sin dudas demasiado, y no podemos hablar de impunidad cuando se han echado por tierra derechos que hasta hoy se habían considerado sagrados por estar estrechamente relacionados con nuestros deberes más preciados e inquebrantables.

Si «cuidar es humanismo»,[1] como escribiera Cynthia Fleury, «cuidar» de los más débiles quedándonos a su lado, «cuidar» la vida de quien llega al mundo y «cuidar» la vida de quien lo abandona, debería ser el núcleo de este humanismo. ¿Quién puede aseverar que al limitar o impedir el acceso a estos derechos y deberes fundamentales, nuestra dignidad humana y nuestra propia humanidad no hayan sido forzados a pagar un precio demasiado alto?

---

1 Cynthia Fleury, *Le Soin est un humanisme*, «Tracts», Gallimard, 2019.

¿Esto nos habla del estado de nuestra sensibilidad humanista o, en cambio, nos revela un síntoma más de la profunda deshumanización del mundo actual?

II

La segunda interrogante, que lógicamente se deriva de la primera, es la del *equilibrio entre seguridad y libertad*. Una democracia sana es capaz de lograr una especie de proeza o cuadratura del círculo: consigue conciliar los objetivos de libertad y seguridad que son, según la ciencia política, los dos principales objetivos de un Estado justo. Pero esta misma ciencia política nos advierte que estos son los conceptos más difíciles de armonizar. Por consiguiente, el arte de gobernar más eficiente y virtuoso es aquel que consigue afianzar uno sin perjudicar el otro. Demasiada libertad es permisividad, consentimiento, lo cual provocaría que el orden social se resintiera inevitablemente. En cambio, como escribía Rousseau, una seguridad excesiva se salda a menudo, por desgracia, con el alto precio de la ausencia de libertades: «Se dice que un déspota garantiza a sus súbditos la tranquilidad civil. Esto es correcto. ¿Pero qué ganarían si [...] esta misma tranquilidad formara parte de sus miserias? También se puede vivir tranquilo en las mazmorras; ¿sería suficiente para que nos sintamos a gusto dentro de ellas?»[2].

El talento de una verdadera democracia es por tanto lograr proporcionar el máximo de ambas: *la máxima seguridad*, que en el tema que nos ocupa sería la máxima seguridad sanitaria, preservando a su vez *la máxima libertad*. Teniendo esto en mente, podemos concretar nuestra pregunta: ¿nuestras estrategias políticas ante la crisis sanitaria lograron cumplir la promesa democrática de mantener y garantizar la máxima libertad *en un momento* en que los intentos por

2 Jean-Jacques Rousseau, *Du Contrat Social*, I, 4, Marc Michel Rey, 1762, Flammarion, 2001.

preservar la seguridad de la salud pública llegaron a su paroxismo?

¿Intentaban nuestros gobernantes demostrar su ingenio democrático o debemos confesar, por el contrario, desde una perspectiva crítica, que, después de todo, sacrificar nuestras libertades resultó excesivo? ¿No habremos acaso subestimado la gravedad de este asunto? ¿No será que todas las decisiones coercitivas que tienen que ver con la libertad (limitación, privación, control) lograron reducirla, no a un *fin* en sí misma, sino a un *medio* para lograr la seguridad? Si este fuera el caso, es decir, si la balanza se hubiera inclinado, si la preocupación por la seguridad sobrepasara por mucho las ansias de libertad, significaría que «muy a pesar nuestro», nos estaríamos deslizando involuntariamente hacia el borde externo de la esfera democrática y a punto de ser expulsados de su órbita.

III

La tercera interrogante ya no se refiere al impacto de las políticas sanitarias sobre la libertad, sino a *la igualdad*, el segundo elemento del tríptico de nuestros valores republicanos, que en Francia son la guía y brújula de nuestra democracia. *¿Qué opinar* entonces del impacto que tuvieron sobre la igualdad las respuestas políticas a la crisis sanitaria? Más específicamente y dicho de otro modo, sobre el conjunto de todas las desigualdades cuya magnitud representaba, desde antes de la crisis, un riesgo inminente para la sostenibilidad de nuestro contrato político, la solidaridad de nuestro entramado social y la credibilidad de la promesa republicana.

Lo que desde ya nos corrobora la certeza a este respecto son los incontables análisis y estudios que demuestran que el coste de las políticas sanitarias se asumió de manera muy desigual y que incluso se produjo una *ruptura de igualdad*. Puesto que, por desgracia, se trata de los grupos poblacionales más vulnerables: jóvenes y personas mayores o solas, familias monoparentales, con empleos precarios, clases sociales desfavorecidas, que experimentaron las diferentes medidas de aislamiento forzado como una verdadera violencia psíquica y material. ¿Es lo mismo estar confinado en un pequeño apartamento con otras cinco o seis personas y tener que adaptarse al teletrabajo, al tiempo que estamos a cargo de nuestros hijos pequeños y les damos clases a los mayores, que encontrar refugio, durante el mismo período, en una confortable casa de campo?

En esta ocasión nos limitaremos a ilustrar solo un ejemplo de estas vulnerabilidades, tan discriminadas como potencialmente exacerbadas. En su informe de junio de 2021 referente a la vacunación de niños y adolescentes, el CCNE (Comité Nacional Consultivo de Ética) revela que el «impacto» de los confinamientos «ha sido mayor, en particular, entre los adolescentes, y más aún entre los sectores desfavorecidos». El informe no duda en utilizar la expresión: «repercusión deletérea» al tiempo que insiste en el perjuicio que ha representado para nuestra juventud «el cierre de las escuelas y la implementación de la enseñanza a distancia, cuyo fin era limitar la expansión del virus y proteger a los adultos, lo cual ha tenido también un notable impacto negativo en el aprendizaje de los niños, incluso en los países de altos ingresos».

Precisa además que «las consecuencias para las familias de bajos ingresos fueron incluso más devastadoras», señalando en específico que «los estrictos confinamientos implementados durante la primera oleada se asociaron a su vez con un aumento de los casos de maltrato infantil»; sin omitir las consecuencias, a veces trágicas, que trajo consigo el aislamiento de los estudiantes durante estos mismos confinamientos.

Lo que ha concluido el CCNE después de examinar la «repercusión deletérea que tuvieron sobre la población pediátrica las medidas adoptadas es que habría que comenzar a trazar estrategias que garanticen preservar la salud global y que a su vez no se limiten al imperativo de una no-contaminación [...] En otras palabras, ¿la política preventiva que se aplicó a toda la población (francesa) no resultó excesiva para los jóvenes?». Teniendo todo esto en cuenta, debemos preguntarnos hasta qué punto podemos considerar justificables las mismas políticas que vulneran, principalmente, a los más frágiles.

IV

La cuarta interrogante tiene que ver con *la fraternidad*. Examinándola, podremos analizar uno por uno, los impactos de la política sanitaria sobre cada uno de los tres pilares de nuestra República democrática. La consigna de la política sanitaria siempre fue «cuidaos los unos a los otros», lo que sirvió de argumento moral y ciudadano para cada medida de confinamiento, aislamiento, distanciamiento social, respeto de los protocolos de bioseguridad, uso de la mascarilla, etc. Pero este eslogan presenta sus inconvenientes pese a su aparente simplicidad. Porque si dedicáramos unos minutos a descifrar la verdadera lógica de su argumento y de lo que efectivamente se le pidió a los franceses, la frase correcta sería: «cuidaos los unos *de los* otros para que os cuidéis mutuamente».

¿Esta extraña frase nos resulta perturbadora? Sí, porque saca a relucir el *mandato paradójico* que reviste el mensaje político que se envió a la población. Aunque no haya sido la intención, el resultado fue que se le pidió a las personas que desconfiaran de los demás, que se mantuvieran alejadas de sus semejantes, que cada quien viera al otro como un peligro potencial, todo con el pretexto de cuidar a los demás. Pero entonces esto quiere decir, lo que es totalmente contradictorio, que tuvimos que mantenernos alejados para demostrar la cercanía, no tocarnos ni besarnos y muchas veces hasta dejar de vernos... para demostrar que nos amábamos. ¿Cómo lograron nuestra razón y nuestras emociones soportar, sin que afectara nuestra salud psíquica, semejante contradicción o doble coerción: dejar de estar cerca unos de otros, sin desconectarnos de los demás?

Mandato paradójico también en cada situación que se vivía en las calles, en el trabajo, en las escuelas, donde hubo que modificar varias veces las normas y demás protocolos sanitarios, al punto de desalentar a quienes debían concretamente hacerlas cumplir, porque estas normativas en un instante preconizaban un resultado y al minuto siguiente lo contrario, a menudo sin explicación suficiente ni verdadera coherencia, como en el caso del uso de la mascarilla, obligatoria en el metro o en el aula pero que se podía retirar inmediatamente al sentarnos a la mesa de un restaurante o de un comedor... como si el riesgo de contaminación solo existiera mientras se estaba de pie. No debe asombrarnos que la población lo haya experimentado como un «maltrato psicológico»[3] y que haya sentido que era víctima de una especie de absurdo organizado que le destrozó los nervios.

---

3 Véase al respecto el artículo de la psicóloga Inès Weber, «L'effort pour rendre l'autre fou», *Psychologies Magazine,* junio de 2021.

El impacto fue mayor cuando esta contradicción psíquica trajo consigo un terrible prejuicio humano que afectó gravemente el plano afectivo. Dejamos de relacionarnos con los demás como lo habíamos hecho hasta el momento. Solo podíamos hablarnos a través de las mascarillas, que nos ocultaban gran parte del rostro, por tanto, nuestra fisonomía y nuestras expresiones se volvieron casi invisibles e ilegibles para los demás… Es más, nos manteníamos siempre a una distancia prudencial que, culturalmente, siempre había denotado una evidente ausencia de cercanía, o incluso desconfianza. Tampoco volvimos a comunicarnos con la familia o en nuestros círculos sociales o profesionales más que por teléfono o con una pantalla de por medio. ¿Este «distanciamiento» no habrá alterado también considerablemente nuestras relaciones? ¿No habremos socavado permanentemente las relaciones humanas vaciándolas de la parte más vibrante de su esencia?

¿Cómo este proceder nos permitió demostrarnos, o no, una mutua fraternidad? ¿Cómo ser fraternos sin mostrar el rostro? ¿Cómo expresar fraternidad cuando toda nuestra actitud corporal resultaba de la aprehensión de ver a los demás como un peligro? *¿Qué empatía puede nacer del miedo?* Volvemos, inevitablemente, a evocar una contradicción, factor de disociación psíquica y causa indiscutible para muchos de una profunda inquietud y malestar, ya fuere consciente o inconsciente.

Puede que al obedecer las leyes de distanciamiento social las personas no demostraran su sentido de responsabilidad con los demás, sino más bien lo condicionados que estaban por la convicción de que los demás eran un peligro que había que evitar. Lo que debemos averiguar en este caso es el motivo de la obediencia. ¿Deberíamos buscarlo en el estándar ético de nuestras sociedades, en la calidad de nuestra educación moral y política en el respeto hacia los demás o en nuestra exacerbada sensibilidad ante la vida? Esta es la brillante hipótesis con la que nos regodeamos... Pero quizá sea más complicado y enrevesado que esto. ¿No deberíamos más bien averiguar el motivo de nuestra obediencia, al menos en parte, analizando nuestro grado de pasividad ante las órdenes dictadas por los políticos, y nuestra fragilidad o permeabilidad emocional al condicionamiento mediático? Si se nos dio tan bien obedecer y nos convencieron tan fácilmente de que debíamos hacerlo de manera colectiva, ¿fue por civismo o por docilidad? ¿Fue el resultado de un ejercicio de verdadera *reflexión* o más bien un *reflejo* condicionado? ¿Qué dejó traslucir nuestra famosa «educación ciudadana» durante esta crisis? ¿Su siempre aparente capacidad de demostrar una gran responsabilidad cívica, o más bien el resultado de una «evidente» domesticación de nuestras mentes? Al final… ¿reaccionamos como pueblo consciente o como rebaño gregario y manipulado?

Añadamos a esto el surgimiento de otros factores evidentes que interfirieron en las relaciones sociales. Entre estos podemos citar, en particular, cómo estas medidas políticas fisionaron profundamente la población, no solo en el espacio público, sino también en la esfera íntima. ¿Cuántos graves conflictos vivieron las familias al tener que hablar de la vacunación de sus hijos? ¿Cuántas familias discutieron por el tema de la vacuna? ¿Cuántas veces presenciamos tensiones y altercados entre ciudadanos por no usar la mascarilla? ¿A cuántos ciudadanos se reclutó para que vigilaran a los demás ciudadanos, como si fueran representantes del orden sin serlo, para que exigieran el certificado de vacunación o hablaran de la necesidad de vacunarse? Tal fue el caso de los dueños de bares, restaurantes, organizadores de eventos culturales, vigilantes de los accesos a lugares públicos y transportes, etc. ¿Cómo no preocuparnos por el estado general de la cercanía entre personas, de la paz entre familias y de la fraternidad social después de todo esto? ¿Cómo creer que esta fraternidad social no ha quedado gravemente dañada después de alterar tanto la confianza y la convivencia que les sirven de base?

V

De todo esto se deriva la quinta interrogante, la gran pregunta sobre la *proporcionalidad:* ¿el precio que hemos pagado al cumplir con las medidas sanitarias, en materia de libertad, igualdad y fraternidad ha sido proporcional a la peligrosidad del virus? Proporcional, o sea, adecuado, equivalente y correctamente dosificado. No voy a entrar aquí en un debate médico y científico para el cual no estoy capacitado. No soy epidemiólogo. Sin embargo, no es motivo suficiente para guardar silencio, porque el filósofo ético y político no debería ser, *de facto*, excluido del debate. A este respecto, pudiera plantear algunas cuestiones precisas y cruciales en este ámbito partiendo del punto de vista filosófico, lo cual ya he hecho en un artículo publicado en *Le Monde* el 29 de julio de 2021[4].

La cuestión del peligro objetivo que representó el virus se podrá examinar, incluso fuera del ámbito médico cualificado, gracias al indicador que cada ciudadano podrá analizar, de la distribución por hospitales de las muertes que ocasionó el virus en los diferentes grupos de edad. En el sitio Salud Pública de Francia, podemos acceder a esta información entre la semana del 13 de marzo de 2020 y la del 24 de marzo de 2022: de 0 a 9 años, hubo entre 0 y 2 muertes semanales en promedio, con picos de hasta 6 muertes; de 10 a 19 años, hubo entre 0 y 3 muertes semanales como máximo; de 20 a 29 años hubo entre 0 y 8 muertes semanales como máximo; en el sector de 30 a 39 años, entre 0 y menos de 25 muertes semanales como máxi-

4 Tarjeta sanitaria: «Toda política que limite las libertades debe hacerlo con la máxima moderación».

mo. Ahora bien, los niños y adultos de menos de 39 años representaban en Francia una población de 31,9 millones de habitantes, lo que habría correspondido, en una semana en la que se hubieran alcanzado los máximos de mortalidad, a la muerte del 0,00013% de esta población. Por el contrario, de manera muy significativa, las cifras aumentan en el caso de las personas entre 60 y 69 años, hasta casi un máximo de 500 muertes por semana; entre las personas de 70 a 79 años, hasta casi 1.000 muertes semanales; entre las personas de 80 a 89 años, hasta casi 1.600 muertes semanales y entre los de 90 años o más, hasta 700 muertes semanales. Debemos aclarar que estas cifras máximas no corresponden a las de todas las semanas de este período de dos años, sino únicamente a las correspondientes a las semanas con más muertes. Aclaremos también que 18,5 millones de personas en Francia tienen 60 años o más. Por tanto, una semana en la que hubiera muerto el máximo de personas mayores de 60 años habría causado 3.800 muertes, el equivalente al 0,02% de este sector poblacional, lo cual es un porcentaje extremadamente bajo. ¿Qué pensar entonces de una sociedad que toma medidas tan radicales ante un riesgo letal tan insignificante? La vejez y la adultez nos vuelven más frágiles, es un rasgo inherente a nuestra condición humana: ¿no se convierten en un grave problema la enfermedad, la vejez y la muerte cuando el miedo a padecerlas se vuelve irracional, como cuando reaccionamos de manera tan violenta, y quizá hasta desproporcionada, a esta inevitable exposición de nuestros ancianos a la muerte?[5]

Sabemos también que la tasa de letalidad de la enfermedad y el aumento de la mortalidad que ocasionó el virus han estado relacionadas, además de con la edad del paciente, con el factor determinante de la comorbilidad, es decir, que este virus era mucho más peligroso, incluso mortal, si la persona sufría de otras patologías (insuficiencias respiratorias, cardíacas, renales;

---

5 santepubliquefrance.fr

hipertensión arterial, diabetes tipo 1 y 2, obesidad, etc.). Tanto así, que ya se ha planteado la pregunta, que será el foco de atención en los próximos meses: ¿ha sido el COVID-19 *en primer lugar, única o principalmente,* el causante de la muerte de un cierto número de pacientes; cuyos decesos se contabilizaron como casos de «muertes por COVID-19»?

Y de aquí se desprende otra cuestión, igualmente lógica y necesaria: sabiendo que el virus ha sido mortalmente peligroso casi exclusivamente para una categoría específica de la población, en este caso los mayores de 60 años y las personas que padecían de diversas patologías, por lo que había que protegerlas con prioridad absoluta, ¿cómo justificar que se impusieran las mismas medidas sanitarias a toda la población? En otras palabras *¿por qué mejor no centrarse en proteger a los más vulnerables?* ¿Por qué sometimos a toda la población a medidas radicales (confinamientos, etc.) si el virus solamente amenazaba la vida de una específica minoría, cuando en cambio hubiéramos podido darles la opción a esas personas en riesgo (sin imponérselo) de permanecer confinadas o limitar al máximo sus desplazamientos, permitiéndoles teletrabajar, hacerles entregas a domicilio, en resumen, expresarles una solidaridad social y familiar inteligente y responsable? El argumento que más hemos escuchado a favor del confinamiento de toda la población, y de lo radical de las medidas implementadas, es que "de no haber hecho esto, el virus se habría extendido mucho más". ¿Pero acaso este argumento de la necesidad de «encerrar a todos» no pierde total validez ante la propuesta alternativa de poner a salvo a los más frágiles?

La decisión de imponer las mismas medidas sanitarias a toda la población es pues muy discutible, tanto desde un punto de vista lógico como ético. Desde un punto de vista lógico, en primer lugar, una estrategia logra ser más eficaz cuando está bien focalizada, en lugar de dispersarse alejándose de su objetivo. Desde un punto de vista ético, además, puede que hayamos sometido a todos a una coacción probablemente injusta. Sobre todo porque si el Estado hubiera restringido su rango de acción, hubiera protegido a los más frágiles y el resto de la población no hubiera incrementado el riesgo de contaminarlos. *¿No habremos puesto abusivamente sobre los hombros de todos los ciudadanos la culpa del fracaso del Estado, en su fallido intento de centrar su estrategia?* Pesará sobre sus conciencias la culpa de ser los responsables de la exposición de los más frágiles a la amenaza...

VI

La sexta pregunta se refiere precisamente al tema de la relación del Estado con sus ciudadanos. Se refiere a un riesgo que muchos filósofos han identificado como una de las amenazas más graves y duraderas para las sociedades modernas: la de degradarse al convertirse en *sociedades de control*.

Antes de la crisis *sanitaria*, nuestras democracias liberales catalogaban la política china de control de su población como su antítesis, es decir, como una dictadura que era la negación misma de la democracia y sus valores. Pero desde el inicio de la crisis, es evidente que nada justifica, desde el punto de vista democrático, que hayamos tomado exactamente las mismas medidas radicales de la dictadura china que antes denunciábamos. ¿Qué clase de «milagro» o «transubstanciación política» haría posible que lo que es antidemocrático allí se haya vuelto democrático aquí? ¿Fue acaso la gravedad de la situación lo que hizo posible dicha transmutación casi alquímica?

Si tenemos en cuenta los confinamientos y todas las demás medidas de control de las libertades, incluyendo el rastreo digital por medio de la aplicación «Tous AntiCovid», no estamos muy lejos de la radicalidad china. ¿Seremos demócratas tan infalibles que podemos arriesgarnos a tomar cualquier medida, incluso la más antidemocrática, la más liberticida, y aun así ingeniárnosla para que, no obstante, sigamos viviendo en una auténtica democracia? ¿Cómo justificar semejante presunción? ¿No deberíamos en cambio ser razonables y pensar que tendremos que analizarnos de manera autocrítica? ¿No deberíamos reflexionar sobre nuestra posible ceguera e incredulidad ante una deriva antidemocrática que no obstante se está reproduciendo delante de nuestros propios ojos?

Teniendo esto en cuenta, ¿no deberíamos lamentar que nuestros medios de comunicación, nuestros intelectuales orgánicos y nuestra élite *tengan la habilidad de ver el mal solo a gran distancia?* De esta manera somos capaces de denunciar, adoptando una firme postura humanitaria o antitotalitaria, la despreciable invasión a Ucrania, las masacres que ha cometido el régimen sirio contra su propio pueblo, la política china de represión de los uigures, etc. No obstante, deberíamos ser capaces de ver también lo que ocurre entre nosotros. Es mucho más difícil reconocer nuestras faltas que las de los demás. Y cuando las reconocemos, pese a todo, la indignación sigue siendo selectiva... Por ejemplo, aceptaremos de buen grado denunciar «el culto a Zemmour» de nuestras mentes, y todos aseverarán, con las cejas fruncidas, estar «muy preocupados» por el ascenso de la extrema derecha en Francia. Sin embargo, nadie va más allá preguntándose desde la autocrítica sobre las causas de este fenómeno. Nadie cuestiona en particular la endeble propuesta política general en Francia, tanto de izquierda como de derecha, que ha creado un vacío abismal que habría que denunciar, en primer lugar, por ser el origen de todas las indignaciones y sufrimientos que nutren la extrema derecha.

En resumen, lamentablemente, la historia de la humanidad ha demostrado que es muy común que veamos el mal lo más lejos posible de nosotros, en el espacio o en el tiempo, siendo incapaces de detectarlo cuando más cerca está; o de lo contrario ver solo los síntomas más evidentes del mal sin percibir sus causas o alarmarnos por ellas.

En este caso concreto, ¿cuántos fuimos conscientes del hecho de que además de la amenaza de la pandemia también estábamos poniendo en peligro nuestra democracia? El investigador Cyril Dalmont del instituto Thomas More explicaba en *Le Figaro* el 22 de abril de 2021 que «está demostrado [...] que la digitalización de nuestras sociedades es el catalizador de los mecanismos de esclavitud voluntaria» y que «el rastreo digital representa intrínsecamente un grave atentado contra la libertad fundamental *"de ir y venir"* pese a que es muy probable que poco a poco se convierta en uno de sus componentes». El mismo artículo recuerda además que «en las páginas del *Financial Times* del 19 de marzo de 2020, el ensayista Yuval Noah Harari ya nos había advertido: "Las medidas que se tomaron en momentos de emergencia tuvieron la tendencia dañina a persistir incluso después de la emergencia, sobre todo porque siempre surgen nuevas amenazas».

¿Somos conscientes de este último punto? Sigo insistiendo en que, en este aspecto, nuestro rumbo se acerca peligrosamente al de China, aunque aún estemos lejos. En este sentido hay algo en particular que me preocupa. Si China hubiera querido acallar las críticas que los occidentales le hacían, y asestar un golpe fatal al modelo democrático occidental, no hubiera habido arma más infalible que la radicalidad que demostramos.

VII

Esto trae a colación de inmediato mi séptima interrogante. ¿Evaluamos debidamente el riesgo futuro de las medidas excepcionales que se tomaron en un momento dado? ¿Evaluamos la amenaza que representaron las medidas de emergencia durante la fase de alerta sanitaria, a sabiendas de que eran potencialmente liberticidas?

Leamos esta advertencia de nuestra Asamblea Nacional que, el 30 de noviembre de 2021, se refería a los «plenos poderes del ejecutivo en cuestiones de salud» en estos términos: «El ejecutivo tendrá toda la potestad de promulgar medidas restrictivas o prohibitivas que pudieran acarrear serias consecuencias sobre la vida democrática de nuestro país, teniendo en cuenta que el período en cuestión abarca la etapa de la campaña electoral para las elecciones presidenciales y legislativas: reuniones públicas, concentraciones en la vía pública, operaciones puerta a puerta, distribución de volantes y propaganda de campaña así como pegar carteles, son las mismas condiciones de estas cámaras electorales las que se pondrían en manos de un gobierno que carece de respeto por las libertades fundamentales». Ahora bien, se pregunta la Asamblea: «¿Cómo podemos tolerar los posibles confinamientos o toques de queda durante semejante período *sin organizar un debate democrático?*[6]». Su conclusión es: «Esto es algo que nunca se había visto y pone en peligro nuestra democracia».

El diputado del LREM Julien Borowczyk,

6 Resaltado por nosotros.

presidente de la misión de información de la Asamblea Nacional sobre la gestión de la crisis sanitaria, declaró por su parte a France Info el 17 de enero, que la fecha límite de aplicación de la ley sobre el certificado de vacunación era el 31 de julio de 2022. Es una garantía, no obstante, en 2021 pudimos ver cómo los poderes ejecutivo y legislativo habían extendido la validez del certificado de vacunación. ¿Acaso nuestra vigilancia es suficiente, logramos *contrarrestar* de manera eficiente este riesgo que corremos cada vez que el poder ejecutivo en particular utiliza y abusa de situaciones excepcionales para limitar nuestras libertades indefinidamente, incluso de manera desafiante?

Esta ley nos enfrenta al mismo problema con el certificado de vacunación, desde que éste estipuló que podría seguir siendo necesario mientras el número de hospitalizaciones por causa del COVID-19 superara los 10.000 pacientes a nivel nacional, y que dejaría de exigirse desde que esta cifra disminuyera. Ahora bien, lo preocupante en este caso es que esto equivale a hacer depender la libertad o la privación de la libertad, o lo que es lo mismo una cuestión ética de una cuestión técnica, ya que haríamos depender dicha libertad de la sostenibilidad material del esfuerzo por parte del sistema hospitalario, que al parecer corre el riesgo de saturación si superaran los 10.000 pacientes en el servicio de reanimación del COVID-19. ¿Hemos olvidado que la filosofía política siempre nos ha alertado de este enfrentamiento entre ética y técnica? Es decir, contra esta especie de sumisión de la razón ética o axiológica (relativa a los valores, en este caso la libertad) a la razón técnica o instrumental (relativa a los recursos), porque esto invierte el correcto orden entre los fines y los medios: no podríamos someter la libertad, que es un fin en sí misma, a temas de recursos sin que esta terminara, no solo completamente desvalorizada, sino además ultrajada.

Una democracia que goza de buena salud procura por todos los medios garantizar el máximo de libertades para todos, lo hemos visto más arriba. Pero hay un momento en que lo único que saben hacer es reducir las libertades convirtiéndolas en una simple variable numérica en el móvil, que los recursos muy probablemente no pueden respaldar... cuando la responsabilidad política es precisamente lograr que los recursos se correspondan con la variación de las necesidades. Gobernar es prever. En este caso, es probable que si desde hace años se hubiera invertido más dinero público en los hospitales, no hubiésemos tenido que acatar una política dictada debido a la insuficiencia de estos recursos. Y cuando emprendemos el camino funesto de esta inversión entre los recursos y la libertad por medio de medidas excepcionales que pudiesen prolongarse indefinidamente, ¿no estamos acaso hipotecando el porvenir mismo de la libertad y no solamente su presente?

VIII

La octava interrogante se refiere también a una advertencia filosófica fundamental. Más concretamente, se refiere a la amenaza mayor de una *evolución distópica* de nuestras democracias, que desde 1841 había advertido Alexis de Tocqueville. Con una increíble facultad para adelantarse en el tiempo, nos advertía que el despotismo de los tiempos modernos se convertiría, de modo casi fatal, en una especie de dictadura paradójica, pues el autoritarismo del Estado no se basaría en una mayor violencia sino en una mayor prevención, siendo la manifestación de la «providencia» del Estado para con sus ciudadanos. Tocqueville explicaba además que, desde que el Estado, alegando trabajar por nuestro bienestar, se encarga de solucionar todos nuestros problemas, desde la cuna a la tumba, es como si nos encontráramos en *una prisión sin barrotes.*

Es la misma amenaza que en su momento muchos filósofos, entre los cuales los más famosos son Michel Foucault y Giorgio Agamben, identificaron más cerca de nosotros como el «biopoder»: el control que ejerce el Estado sobre toda nuestra vida, incluso sobre nuestra salud, escudándose tras «nobles causas» como el principio de prevención y el principio de precaución.

Annie Cot planteó esta misma problemática recientemente en un artículo de *Le Monde,* con fecha 20 de abril de 2020, en el que explicaba de manera explícita de qué se trataba: «si antaño el soberano se arrogaba el derecho de *decidir si vivían o morían,* sin intervenir en la vida cotidiana de sus súbditos, en nuestros días vemos constantemente cómo el biopoder convierte la vida de los individuos en su objeto y propósito. El objetivo ha cambiado: "ahora la misión es otorgarles la vida o devolverlos a la muerte" (*La Voluntad de saber*[7]). Este proceso de estatización de lo biológico, que se adjudica el derecho a una racionalidad ya no vinculada a la soberanía jurídica, sino que corresponde al liberalismo económico, afecta tanto al cuerpo de cada individuo –nacimiento, salud, enfermedad, vejez y muerte– como a todo el conjunto de la especie humana». Por otra parte, prosigue, «la pandemia del COVID-19 pone nuevamente sobre el tapete la cuestión científica y política que define la modernidad de las sociedades occidentales: ¿cómo garantizar la seguridad sanitaria de una población que se enfrenta a la amenaza y a los azares de lo biológico? ¿Cómo articular la inspección del cuerpo de los ciudadanos libres con la de

7 Michel Foucault, *La Volonté de savoir*, « Tel », Gallimard, 1976, p. 181. [Edición en español: *Historia de la sexualidad 1: La voluntad de saber*, Siglo XXI de España, 2024]

toda la población? En este caso, ¿cómo conciliar la libertad de cada uno con las decisiones que debe tomar la humanidad en su conjunto?».

Es un asunto complicado, pero en su punto más neurálgico plantea la cuestión del control de los cuerpos y de la libertad más personal, con la que todos deben contar cuando está en juego *la intimidad* del propio cuerpo. *¿Las autoridades políticas tienen el derecho a decidir por los individuos incluso la manera en la que deben ocuparse de sus cuerpos?* Podrían alegar que lo hacen porque la salud pública tiene un coste, y que el Estado puede financiarla solo si está seguro de que la «condición del cuerpo» de los ciudadanos no está tan mal como para que afecte demasiado las finanzas de su sistema de salud.

Hasta ahí bien, pero ¿no caemos entonces nuevamente en el problema de la razón instrumental, es decir, de priorizar los recursos en lugar de los fines y valores? Y por demás, para plantearlo incluso con mayor claridad, ¿no convertimos al dinero en el juez de los derechos que el Estado pudiera tener sobre los ciudadanos? Como consecuencia, en este caso en particular, ¿este Estado tiene el derecho a decretar la vacunación como requisito casi obligatorio, como se ha hecho en Francia? En otras palabras, ¿a obligar a todos los ciudadanos a ponerse las vacunas alegando que la propagación de la enfermedad costaría demasiado al sector público?

Sin embargo, y esta es otra arista de la interrogante que se retomará más adelante, haría falta que esta vacuna fuera eficaz en la protección contra la contaminación... ¿Pero hasta qué punto lo es realmente? Y su administración masiva pone sobre el tapete otra cuestión, también relacionada con el dinero –importante pero casi ausente hasta ahora en el debate público–, la de los exorbitantes beneficios que obtuvo con todo esto la industria farmacéutica. Teniendo todo esto en cuenta, la ciudadanía está en su pleno derecho de plantearle al gobierno una pregunta particularmente crucial y delicada: ¿qué fue lo que más se priorizó durante este período? ¿Fue el derecho de cada quien a disponer de su propio cuerpo, o fueron más bien los intereses financieros, del Estado y, en mayores proporciones, los de Pfizer y otros laboratorios?[8]

---

8 Como no dispongo de información suficiente, no hablaré del tema de los beneficios que obtuvieron durante este período consultoras privadas como McKinsey, a las que recurrieron los distintos ministerios (sanidad, interior y economía) para que colaboraran con la gestión de la crisis sanitaria. ¿Acaso no tenemos en Francia funcionarios con altos cargos en la Administración pública cuya función es precisamente aportar su experiencia al poder político, como servicio público de interés general, sin absolutamente ningún ánimo de lucro?

IX

La novena interrogante se desarrolla en un plano totalmente diferente. Tiene que ver con *el lugar que ocupa en esta crisis lo que antes llamábamos el cuarto poder, o lo que es lo mismo, el poder de los medios de comunicación.* Digo «antes» porque hasta ayer los medios de comunicación tenían un poder relativamente limitado, mientras que hoy la acción del Estado está tan concentrada en su comunicación que el ejercicio de este primer poder, el del gobierno, se confunde casi continuamente con el de los medios de difusión. *Estamos presenciando la fusión del poder político y mediático*, ¿y no estaremos acaso siendo testigos de la absorción del primero por el segundo, de lo mucho que este se ha reducido desde entonces?

Además, desde el inicio de la crisis sanitaria, esta comunicación política permanente a través de los medios de comunicación eligió un registro problemático: *el de la dramatización.*

El vocabulario que empleaban aludía constantemente a una «guerra contra el virus», cuya propagación describían como una serie de «oleadas» y «avalanchas» que se abalanzaban sobre Francia y el mundo. Igualmente, el recuento diario del número de muertos en el noticiero televisivo martilleaba sin cesar durante meses, además del número de casos que repetían tanto los voceros del gobierno como los medios televisivos en todas las pantallas. ¿Qué pensar, por un lado, de que hayan decidido usar la retórica de las metáforas de la catástrofe, y por otro, de este martilleo mediático y político del número de decesos y de enfermos? ¿Por qué decidieron hacer esto cuando los mismos medios de comunicación nunca habían contabilizado a diario las muertes que han provocado otros flagelos igualmente fatales e incluso a escala planetaria, podría citar por ejemplo las muertes por desnutrición (25.000 muertes anuales en el mundo) o por la contaminación del aire (300.000 muertes anuales en la Unión Europea)?

Al representar el fenómeno de la pandemia exclusiva y continuamente como un peligro extremo, ¿todos estos discursos no provocaron mecánicamente que corriéramos el riesgo de instaurar un gobierno antidemocrático a través del miedo?

Por las reacciones de las personas, pudimos darnos cuenta de que el país estaba sumergido en un clima de gran vulnerabilidad psíquica, con «síntomas depresivos» que incluían «trastornos del sueño», una «pérdida de interés por todas las actividades», etc.[9]. En cuanto al miedo inducido, estuvimos al límite de la hipnosis y

9 «COVID-19: hausse des états dépressifs après le premier confinement». [COVID-19: aumento de los estados depresivos después del primer confinamiento.] (vie-publique.fr).

de la psicosis colectiva. Toda la población sufría de estrés y de serios trastornos mentales, a muchos se nos despertaron miedos y angustias más intensas de lo habitual. Presenciamos incluso cómo muchos de nuestros conciudadanos desarrollaban una especie de pánico psíquico, pues su lenguaje corporal expresaba de repente un enorme estrés, y a veces pareciera que literalmente enloquecían en cuanto veían que alguien se negaba a respetar los protocolos de bioseguridad o cuando se encontraban en alguna situación que los pusiera en contacto con quienes no estaban vacunados.

¿Cómo pudimos no preocuparnos por ese daño más visible, que afectaba las reacciones diarias, los comportamientos y razonamientos, evidentemente trastocados por un miedo excesivo que podía llegar a volverlos histéricos e irracionales?

Algo sencillo hubiera permitido que la población mantuviera la cordura y evitar que desvariaran exageradamente, hubiera bastado con *poner en perspectiva* las cifras comunicadas, es decir, cotejarlas con otras cifras. Por ejemplo, cuando el gobierno impuso la tarjeta de vacunación alegando que en enero de 2022 se habían producido 24.000 hospitalizaciones, si hubiéramos aplicado la regla de tres nos hubiéramos dado cuenta de que esta cifra representaba solo el 0,035% de los 67 millones de habitantes de nuestro país. De igual modo, cuando el sitio santepubliquefrance.fr nos informó de que la tasa de incidencia en la semana del 17 de enero de 2022 era de 3.736 casos por cada 100.000 habitantes, la comunicación política y mediática debió precisar en ese momento que el porcentaje de la población contaminada esa semana equivalía en ese caso al 3,736%.

Que casi el 4% de la población se infectara fue sin lugar a dudas un evento significativo. Sin embargo, si hubieran calculado sobre esta base el porcentaje de casos potencialmente mortales, la cifra obtenida esta vez habría sido muy baja. Una vez más, por consiguiente, debió tomarse en cuenta –como se ha planteado más arriba– el asunto de la proporcionalidad: *¿podemos justificar las medidas restrictivas que se aplicaron a toda la población si tomamos en cuenta este nivel tan bajo de peligrosidad?* Dicho esto, nos enfrentamos seguidamente a otra «evidencia psíquica» aún más inquietante por su incidencia masiva: la gran mayoría de la población había quedado tan impresionada por la dramatización de la situación, debido al exceso de información política y mediática, que se encerraron en una *especie de negación* que aniquiló casi por completo su capacidad para relativizar la verdadera gravedad de la crisis sanitaria.

¿Cómo no preocuparnos, insisto, si veíamos cómo nuestro espíritu crítico estaba siendo aplastado? Presenciábamos de manera amplificada los efectos negativos de uno de los mayores males de nuestras sociedades mediáticas: *la sobreinformación desinformada*. La sobreinformación que continuamente suministran las cadenas de información continua, así como la dependencia de las masas a estos medios, tienen este efecto contradictorio que, lejos de proporcionarle a las personas mejores recursos para analizar por sí mismas, las condicionan a que acepten, anulando su espíritu crítico, la visión de la realidad que difunden estos mismos medios. He aquí, pues, el problema fundamental al cual nos confronta la crisis sanitaria: ¿cómo podrían los ciudadanos de nuestras democracias ejercer su derecho y su deber a pensar por sí mismos si la comunicación política y mediática supeditaba y trastocaba a tal punto su capacidad de discernimiento?

X

¿Cuándo llegará el día en que podamos debatir finalmente sobre este tema, y sobre todos los anteriores? Esta será mi décima y última interrogante: ¿la comunicación política y mediática que acabo de mencionar no impuso, desde el comienzo de la crisis, lo que yo llamaría *un manejo tanto unilateral como hegemónico del suceso*? ¿Cómo? Decretando la aseveración de una extrema peligrosidad del virus y dejando solo una mínima cobertura a cualquier hipótesis contraria.

¿De esta manera no obstaculizamos lo que constituye la esencia misma del debate democrático, es decir, el *conflicto interno de las inter-*

pretaciones? Como a muchos observadores, me sorprendió la violencia con la que se trató a los detractores de la teoría del Estado difundida por la casi totalidad de los medios de comunicación: el punto de vista contrastante, las diversas polémicas, a menudo protagonizadas por científicos de renombre, fueron sistemáticamente desacreditadas, incluso demonizadas por considerarse «complotistas» o, como mínimo, «irresponsables» y resultantes de la más completa «desinformación». Nuestros gobernantes reaccionaron con una extraordinaria agresividad, no solo visible en la marcialidad con la que legislaron durante el COVID-19, sino en cómo respondieron a quienes se atrevieron a cuestionar la legitimidad de su palabra o sus decisiones. ¿Qué decir de los enfermeros suspendidos sin paga por negarse a la vacunación obligatoria como si de repente se hubieran convertido en unos proscritos enemigos de la humanidad, a los que todos señalaban con el dedo, olvidando que toda su vida profesional se habían dedicado a aliviar el dolor de los demás?

¿Por qué no hablamos del abuso en el que incurrieron los políticos y los medios de comunicación al utilizar el término «individuos» para referirse a todos los «reacios» a acatar las medidas sanitarias y a quienes el poder público se arrogó el derecho de «joderles la vida»? La palabra individuo, de hecho, se utilizó todo el tiempo en modo poderosamente peyorativo, como sinónimo de energúmeno, contestatario y perturbador, ¡cuando en realidad solo eran personas descontentas, o mejor dicho, *ciudadanos* expresando estar en desacuerdo con el poder!

¿No presenciamos semejante descuido del lenguaje durante el suceso de los Chalecos amarillos, a quienes la venganza pública catalogó de «individuos» queriendo causar desorden y desestabilizar la sociedad? ¿Cómo interpretar esta retórica de descalificación cada vez que la oposición se atreve a manifestar su descontento en las calles? ¿Acaso no vemos, una vez más, la amenaza que representa para nuestra democracia que respondamos a estas manifestaciones de descontento popular o con la represión policial cada vez más violenta, o calumniando sus reivindicaciones e intenciones, acusándolas inmediatamente de ficticias y teledirigidas por tal o cual extremismo? ¿Por qué los «antivax» [antivacunas], por ejemplo, se apodaron con ese sobrenombre ridículo que sugiere únicamente una tendencia radical, cuando en verdad la postura de la mayoría de estos opositores era moderada, alegando no oponerse a la vacuna sino a la vacunación obligatoria?

¿Qué tipo de democracia actúa de modo tal que utiliza a sus élites (políticas, mediáticas e intelectuales) como voceros para desacreditar y reprimir cada descontento popular? ¿Qué decir de la condición moral e intelectual de esas élites que, persuadidas de ser dueños de la verdad, se mantuvieron tan masiva y dogmáticamente del lado del poder? Si la violencia de los descontentos populares aumenta cada día, lo cual es un hecho, no deberíamos seguir descalificándolos como hasta ahora, sino más bien reconocer que, el hecho de que se sucedan cada vez con más frecuencia y que a veces empeoren, es un claro indicio de que nuestra democracia ya no funciona, ¿por qué estos descontentos han dejado de ser escuchados y han empezado a tratarse con un desprecio clasista que hoy se demuestra sin vergüenza, y por qué ya no existen las vías institucionales que antes servían para canalizar estos descontentos?

Los medios de comunicación *mainstream* garantizaron durante este período una descalificación metódica y sistemática de toda opinión divergente tildándola de desviada. La policía del pensamiento reinó como nunca antes… sirviéndose del aval de la ciencia de una manera absolutamente anticientífica, es decir, utilizando la ciencia como si enunciara dogmas indiscutibles, que estaba prohibido cuestionar so pena de ser condenado y clasificado como enemigo público. ¿Podemos entonces aseverar que vivimos aún en democracia cuando ya no se tolera la alteridad de otros puntos de vista divergentes? ¿O cuando ya no permitimos que esta divergencia tenga derecho de ciudadanía, oponiéndonos a que se cite en un debate público? ¿Qué nos diferencia entonces de una República islámica o de una República popular china donde la ideología en el poder hace callar todo atisbo de oposición?

¿No pudimos constatar la manera en la que esta ortodoxia, impuesta desde arriba, se propagó por orden del discurso oficial para que a su llegada una parte de la población se convirtiera a su vez en una cohorte de pequeños *ayatolas* de la seguridad sanitaria? ¿No es acaso de esta manera como comienza la pesadilla de las sociedades totalitarias, normalizando una vigilancia de todos por todos, donde cada ciudadano actúa como el guardián de la doctrina, llamando a los demás al orden y denunciándolo si fuera necesario? ¿En qué se convierte un pueblo donde una parte de los ciudadanos se arroga el derecho de controlar los actos de los demás y que no tolera que nadie se atreva a expresar la más mínima frase o actitud contestataria?

EPÍLOGO

Es así como he llegado al final de mi reflexión. Repito, no pretendo que se entienda como una acusación o una demanda. No tiene por objeto acusar, sino ayudar a nuestra democracia a mirar en retrospectiva y de manera crítica la difícil prueba que acabamos de experimentar, esperando que no tengamos que salir a jugar el tiempo extra. ¿Estaba justificado el precio que hemos tenido que pagar en términos de privación de libertad? Nada más lejos de la verdad, hemos visto aquí las razones, y terminaré añadiendo a mis diez interrogantes solo dos comentarios finales.

Desde las dos guerras mundiales del siglo pasado sabemos que toda la humanidad puede volverse loca. Que todos o casi todos los gobiernos de la Tierra hayan decidido encerrar a su pueblo durante la crisis sanitaria no constituye en sí una garantía de sensatez. ¿No habremos en cambio presenciado la primera crisis de locura planetaria del siglo XXI? ¿En qué sentido? Ante los desastres totalitarios del siglo XX, muchos pensadores nos habían advertido de lo que constituía el mayor de los males de la modernidad: el reinado de una superracionalidad todopoderosa que hace que el mundo humano funcione como una gigantesca máquina, y del que hay que eliminar todo lo que pudiera estorbar para su buen funcionamiento… o lo que es lo mismo, el factor humano, su *libertad*, en resumen, la vida. Para que se entienda, todo lo que no es previsible y controlable. ¿No fue exactamente eso lo que se hizo durante esta crisis? Quisimos *controlarlo* todo y al hacerlo lo reprimimos todo. ¿Aprendimos la lección del siglo XX o, por el contrario, nos limitamos a reproducir su principal error?

Cuando analizo la manera en que actúan nuestros líderes actuales, no veo más que robots que funcionan perfectamente, «máquinas eficientes» que no son más que entes deshumanizados cuya inteligencia consiste en aplicar de la manera más rigurosa, inflexible y sin vacilar, automática y sistemática, toda una serie de reglas abstractas. En un caso el principio de precaución, en otro el principio de rendimiento; una vez tal protocolo planificado en caso de epidemia, en otra ocasión un procedimiento de represión contra una manifestación popular. ¿Lo hacen consciente e intencionalmente? ¿O acaso su inteligencia se ha convertido en algo puramente mecánico? ¿No estaremos acaso confundiendo los efectos con las causas, es decir, los simples engranajes de un gran mecanismo que los somete y dirige? ¡Qué imagen paródica de las antiguas trascendencias!

Esta crisis sanitaria que nuestras élites sin duda considerarán haber gestionado bien, me hace pensar por el contario que, decididamente, vivimos en una época en la que, sin darnos cuenta, la irracionalidad instrumentaliza completamente nuestra racionalidad, a tal punto que ya nadie es capaz de controlar nada…

Resumamos las dudas aquí expresadas. De un lado nuestra sociedad francesa, y por otro nuestra civilización humana expuesta ahora a un triple peligro: el *control* de los comportamientos, la disolución de los vínculos, la confusión de las mentes. Si se concretara esta amenaza, significaría que los pilares mismos de nuestra humanidad –libertad, fraternidad, conciencia y discernimiento– están siendo socavados y que por ende, nos encontramos en una situación existencial y social de extrema vulnerabilidad. De este modo estaríamos en camino a convertirnos, por este motivo, en presas fáciles. ¿Para qué clase de depredador?

Dejo abierta esta terrible pregunta. Pero solo diré una palabra más a menor escala. Me parece que en Francia, desde los atentados islámicos de 2015, entramos en una secuencia política de tres etapas –terrorismo, Chalecos amarillos, COVID-19– que enarbolaron los temas del orden y la seguridad en un modo cada vez más autoritario y represivo, aprovechando el «excesivo» miedo que desencadenaron estos tres episodios... ¿No nos estamos resbalando, lentamente pero sin pausa, por esta misma pendiente desde hace siete años? ¿No estamos en el umbral de una era post-democrática? ¿Cuál será, mañana, el próximo episodio de la secuencia?

Lamento que sean tan pocas las voces que se alcen para analizar en perspectiva y cuestionar todo este asunto. Lamento también que muy probablemente nuestra elección presidencial y más tarde la presentación de la agenda política del presidente que acabará siendo elegido, acaparen tanto las mentes como los medios de comunicación durante largos meses, mientras que este balance democrático de la crisis sanitaria que esbozo aquí, se verá aplazado hasta las Calendas griegas.

Por último, lamento, para hablar del presente esta vez, que este tema haya estado más o menos ausente de una campaña presidencial que, de todos modos, fue un completo fiasco.

Pero ni unos ni otros parecieron comprender que todo su programa –ya fuere de derecha, de izquierda o de centro– se desarrolló en una especie de *burbuja*, o bajo un *techo de cristal* cuya frontera invisible es la de un sistema que orbita sin control, alejándose del eje de la democracia.

La ecología, la solidaridad, la identidad francesa, la competitividad de nuestra economía... Sí, son importantes sin duda, pero ¿qué valdría sin embargo todo esto en los meses y años venideros si ya no fuéramos ciudadanos, sino una especie de ganado humano que el Estado mantiene no solo mediante el «doble yugo del trabajo y del consumo»[10], sino también mediante el «vacunar y castigar» y todas las demás opresiones de una sociedad que controla las mentes y los cuerpos?

---

10 Abdennour Bidar, *Libérons-nous des chaînes du travail et de la consommation*, Les liens qui libèrent, 2018. [Editorial Popular, *Liberémonos de las cadenas del trabajo y del consumo,* Madrid, 2025.]